ANALIZA KSIĄŻKI

AF126386

W 80 dni dookoła świata

• • • • • • • • • • • • • • •

Jules Verne

ANALIZA KSIĄŻKI

Napisany przez Pauline Coullet
Przetłumaczony przez Kâmil Kowalski

W 80 dni dookoła świata

● ●

Jules Verne

JULES VERNE

FRANCUSKI POWIEŚCIOPISARZ

- **Urodzony w Nantes w 1828 r.**
- **Zmarł pod Paryżem w 1905 r.**
- **Godne uwagi prace:**
  - *Podróż do wnętrza ziemi* (1864), powieść
  - *W 80 dni dookoła świata* (1873), powieść
  - *Tajemnicza wyspa* (1874), powieść

Urodzony w Nantes w 1828 roku Jules Verne początkowo rozpoczął studia prawnicze, następnie po 1852 roku opublikował sztukę teatralną i kilka opowiadań. Zaprzyjaźnił się z Jacquesem Argo (francuskim pisarzem i odkrywcą), poznał odkrywców i naukowców. Jego pierwsza powieść, *Pięć tygodni w balonie* (1863), odniosła niebywały sukces. Był to początek *Niezwykłe podróże*, na które złożyło się 18 opowiadań i 65 powieści, w tym *Podróż do wnętrza ziemi* (1864), *Dwadzieścia tysięcy mil podmorskiej żeglugi* (1869), *W 80 dni dookoła świata* (1873), *Tajemnicza wyspa* (1874) i *Michał Strogoff: Kurier Carski* (1876), między innymi. Te dzieła, czerpiące z bogatych dokumentów i łączące przygodę, przewidywanie i wyobraźnię, odzwierciedlają zainteresowanie autora postępem technologicznym swoich czasów i jego pasję do podróżowania.

W 1886 r. śmierć jego redaktora i przyjaciela Julesa Hetzela, a także spadek zainteresowania nauką, stanowiły punkt zwrotny w jego karierze. Zmarł w Amiens w 1905 r. Dziś jest jednym z najczęściej tłumaczonych na świecie autorów francuskojęzycznych.

W 80 DNI DOOKOŁA ŚWIATA

ZAKŁAD ZOSTAŁ ZREALIZOWANY

- **Gatunek:** powieść przygodowa

- **Wydanie referencyjne:** Vernes, J. (2012) W 80 dni dookoła świata. Tłum. Makepiece Towle, G. [online]. Planet Publish. Dostępne w: <http://www.planetebook.com/ebooks/Around-the-World-in-80-Days.pdf>.

- **Pierwsze wydanie:** 1873

- **Tematy:** podróż, przygoda, wyzwanie, odkrycie, pościg, niebezpieczeństwo

Wydana w 1873 roku powieść przygodowa *"W 80 dni dookoła świata"* odniosła błyskawiczny sukces, doczekała się wyjątkowego nakładu, wielu tłumaczeń, adaptacji teatralnej i powstania związanych z nią towarów (małe figurki Phileasa Fogga, gry itp.). Czytelników urzeka niesamowita podróż Anglika Phileasa Fogga, który założył się, że w osiemdziesiąt dni opłynie świat dookoła, wykorzystując w tym celu różne środki transportu: łódź, pociąg, słonia, sanie itp. Jego wyprawa bywała naśladowana i kilku poszukiwaczy przygód rzeczywiście próbowało dokonać tego samego, w warunkach podanych w powieści.

PODSUMOWANIE

ROZDZIAŁY 1-3

W Londynie mieszka tajemniczy Phileas Fogg. Jest bogatym kawalerem, który większość czasu spędza w swoim klubie. Pewnego dnia w 1872 roku zatrudnia nowego lokaja: Francuza Jeana Passepartout, który mając za sobą kilka zawodów, chciałby mieć spokojną pracę. Jest szczęśliwy, że znalazł pracę u Phileasa Fogga, którego życie biegnie jak w zegarku, a dom jest wygodny i schludny.

Pewnego wieczoru, podczas gry w wista w Reform Club, mężczyźni rozmawiają o znaczącej kradzieży dokonanej w Banku Anglii. Złodziej zostanie jednak szybko złapany, gdyż obecnie możemy okrążyć świat w "zaledwie osiemdziesiąt dni" (s. 17-18), utrzymuje Phileas Fogg, który stawia połowę swojej fortuny na to, że uda mu się wykonać wyzwanie i wrócić 21 grudnia 1872 roku. Szczegółowo wyjaśnia etapy podróży.

ROZDZIAŁY 4-5

Po powrocie do domu każe niezbyt zadowolonemu Passepartout spakować lekką walizkę i informuje go, że wybiera się na wyprawę, a na podróż zabiera ze sobą połowę swojego majątku.

Anglicy, którzy interesują się zakładami i geografią, bardzo angażują się w tę przygodę i na giełdzie pojawia się nowa obligacja – "obligacja Phileasa Fogga". Wkrótce jednak pojawiają się plotki, że to Fogg jest złodziejem i że odbywa tę podróż, by uciec przed policją.

ROZDZIAŁY 6-8

Tydzień później Fix, detektyw oddelegowany do Suezu, pierwszego przystanku w podróży Fogga, czeka na przybycie podróżnika łodzią, o czym uprzedził go Londyn.

Phileas Fogg chce "zwizualizować" swój paszport (uzyskać wizę umieszczoną wewnątrz), aby zaznaczyć swój postój w Suezie. Jednak Fix nie może go aresztować, gdyż nie otrzymał nakazu aresztowania. Detektyw przesłuchuje luźno mówiącego Passepartout, który informuje go o planie swojego pana, w którym następnym przystankiem jest Bombaj. Wspomina również o dużej sumie pieniędzy, którą przewozi Fogg. Fix postanawia ich śledzić.

ROZDZIAŁY 9-11

Na łodzi Fogg, który jest nieugięty, gra w wista, podczas gdy Passepartout zwiedza porty, do których zawijają. Dzięki sprzyjającym wiatrom statek dociera do Bombaju dwa dni wcześniej. Fogg dostaje "wizę" do paszportu. Fix jest rozczarowany: nakaz aresztowania wciąż nie dotarł. Tymczasem Passepartout ma ściągnięty but przez kapłana w hinduistycznej świątyni.

Ponieważ linia kolejowa, która miała ich doprowadzić do Kalkuty jest niedokończona, Fogg postanawia kontynuować podróż na grzbiecie słonia, w towarzystwie poznanego na łodzi sir Cromarty'ego i przewodnika.

ROZDZIAŁY 12-15

Podczas niewygodnej podróży przez las Anglicy natrafiają na hinduski kondukt pogrzebowy: młoda wdowa musi zostać spalona wraz ze zwłokami męża. Fogg, który jest jeszcze dwanaście godzin przed czasem, postanawia ją uratować: gdy zapada noc, grupa otacza pagodę, w której ma się odbyć ofiara i, oszukawszy strażników, Passepartout porywa kobietę, która została już przywiązana do stosu.

Po opuszczeniu Sir Cromarty'ego, Fogg i Passepartout udają się pociągiem do Kalkuty, w towarzystwie wdowy, która nazywa się Aouda. Jednak Fix jest na miejscu i aby opóźnić Fogga, wydał Passepartout miejscowej policji za incydent z butami, za co zostaje skazany na osiem dni więzienia. Fogg postanawia zapłacić wysoką kaucję, zamiast tracić czas.

ROZDZIAŁY 16-19

25 października wyjeżdżają do Hongkongu, a Fogg bardzo troszczy się o Aoudę. Fix wdrapuje się dyskretnie na pokład, z całego serca pragnąc aresztować Fogga w Hongkongu, który jest terytorium brytyjskim. Passepartout, zaintrygowany obecnością Fixa, który po raz kolejny jest obok nich, dedukuje, że jest on członkiem Klubu Reformy, który pilnuje, aby podróż przebiegła zgodnie z planem, natomiast detektyw uważa, że odkryto prawdziwy powód jego obecności.

W Hongkongu Fogg nie może odnaleźć krewnego, z którym chciała się skontaktować Aouda. Młoda kobieta kontynuuje więc podróż z nim i Passepartout.

W melinie opiumowej Fix prosi Passepartout o pomoc w zatrzymaniu Fogga (który następnego dnia wyjedzie do Japonii) w Hongkongu, gdyż nakaz aresztowania wciąż nie dotarł. Ujawnia więc swoją prawdziwą misję, ale lokaj nie chce uwierzyć w nieuczciwość swojego pana. Fix każe mu więc palić opium, aż zaśnie, licząc w ten sposób na opóźnienie wyjazdu Fogga.

ROZDZIAŁY 20-23

Następnego dnia Fogg dowiaduje się, że łódź, która była gotowa wcześniej niż oczekiwano, wypłynęła dzień wcześniej, bez niczyjej wiedzy. Fix jest zachwycony, że następny odjazd jest dopiero za osiem dni, ale Fogg znajduje małą łódź, która odpływa do Szanghaju, a stamtąd może dotrzeć do Jokohamy. Prosi policję o odnalezienie i repatriację Passepartout, który się nie pojawił. Fix również wsiada na łódź.

Kapitan, zmotywowany dużą nagrodą obiecaną mu przez Fogga, robi wszystko, aby dotrzeć do Szanghaju na czas, ale tajfun opóźnia ich. Zbliżając się do Szanghaju, wywiesza swoją flagę do połowy masztu, aby zwrócić uwagę liniowca, którym Fogg chce płynąć, ale jest już za późno: statek już wychodzi z portu.

Tymczasem Passepartout, obudzony z otępienia i ostrzeżony w melinie opiumowej o rychłym odjeździe statku do Japonii, wsiadł natychmiast tego samego wieczoru, wierząc, że jego pan jest na pokładzie. 13 listopada dociera do Jokohamy, samotny i bez grosza przy duszy. Aby przeżyć, dołącza do oddziału japońskich komików i podczas jednego z występów ponownie odnajduje Fogga i Aoudę.

ROZDZIAŁY 24-31

"Dziewiątego dnia po opuszczeniu Jokohamy Phileas Fogg przemierzył dokładnie połowę ziemskiego globu" (s. 176). Jest teraz w drodze do Ameryki. Fix płynie tym samym statkiem co on, ze słynnym nakazem w ręku. Jednak nakaz jest bezużyteczny, gdyż Fogg nie znajduje się już na terytorium brytyjskim. Postanawia zatem podążyć za nim do Londynu. 3 grudnia docierają do San Francisco.

Po zwiedzeniu miasta i uczestnictwie w ożywionym spotkaniu politycznym, podróżni wsiadają do pociągu do Nowego Jorku, przedostatniego przystanku w podróży. Aouda wydaje się coraz bardziej przywiązana do Fogga, który okazuje jej jedynie swoją zwykłą uprzejmość.

Podczas podróży przez Stany Zjednoczone podziwiają zróżnicowane krajobrazy, a Passepartout zaprzyjaźnia się z mormonem, który wyjaśnia zwyczaje swojej społeczności. Pasażerowie są przerażeni, kiedy pociąg z największą prędkością przejeżdża przez most, który wygląda, jakby miał się ugiąć pod śniegiem, a który zawala się tuż po przejechaniu.

Fogg i jego towarzysze grają w wista, by umilić sobie czas Amerykanin, który już wcześniej obraził Fogga podczas spotkania w San Francisco, teraz oskarża go o oszustwo. Oba mężczyźni postanawiają walczyć na tyłach pociągu, ale zostaje on zaatakowany przez Siuksów. Ponieważ maszynista jest ranny, Passepartout przejmuje kontrolę nad działaniem i zatrzymuje pociąg na kolejnej stacji, co powoduje ucieczkę rdzennych Amerykanów.

Trzech pasażerów, w tym Passepartout, zniknęło. Fogg wyrusza, by ich odnaleźć, wraz z kilkoma innymi mężczyznami, których przekonała ogromna nagroda obiecana im przez Anglika. Udaje mu się wyrwać ich z rąk rdzennych Amerykanów, ale stracił dwadzieścia godzin i pociąg odjechał bez niego.

Fix, który nie chce zgubić tropu Fogga, znajduje woźnicę sań, który może zabrać ich do Omaha (Nebraska), gdzie wsiądą do pociągu do Chicago. Podróż jest trudna ze względu na zimno i wiatr, ale docierają na czas. 10 grudnia są w Chicago, a 11 grudnia w Nowym Jorku. Jednak statek, który miał ich zabrać do Liverpoolu, odpłynął 45 minut temu.

ROZDZIAŁY 32-33

Foggowi, który zaoferował 8000 dolarów kapitanowi łodzi, udaje się wejść na pokład statku do Bordeaux wraz ze swoim lokajem, Aoudą i Fixem (za którego podróż płaci). Następnie przekupuje załogę, zamyka kapitana i z największą prędkością wypływa w kierunku Liverpoolu. Ponieważ węgla jest niewiele, część statku zostaje spalona, by kotły mogły pracować. "Phileas Fogg wreszcie wysiadł na nabrzeżu w Liverpoolu, o dwudziestej minucie przed dwunastą, 21 grudnia" (s. 258). Fix może go teraz aresztować.

ROZDZIAŁY 34-37

Kiedy jego pan jest w więzieniu, Passepartout żałuje, że nie ostrzegł go o misji Fixa, co pozwoliłoby mu na przygotowanie obrony. Jednak kilka godzin później detektyw żałuje i uwalnia go: prawdziwy złodziej został aresztowany trzy dni temu. Fogg wynajmuje więc prywatny pociąg, za astronomiczną opłatą, by dostać się do Londynu, ale przybywa pięć minut za późno.

Chowa się w swoim domu, prawie zrujnowany, bo przegrał zakład, ale zachowuje spokój. Aouda wyznaje mu miłość i prosi go o rękę, na co on przystaje i również wyznaje swoje gorące uczucia wobec niej. Passepartout kontaktuje się z wikarym i prosi go o udzielenie im ślubu następnego dnia, w poniedziałek. Ale wikary mówi, że nie może udzielać ślubu w niedzielę. Lokaj oznajmia więc swemu panu, że przybył o 24 godziny za wcześnie: w czasie podróży na wschód Fogg poruszał się w kierunku słońca, a dni skracały się o cztery minuty z każdym przekroczonym stopniem. Ponieważ obwód ziemi wynosi 360 stopni, zyskał więc w sumie jeden dzień i może triumfalnie wejść do Reform Clubu, gdyż wygrał swój zakład.

STUDIUM POSTACI

PHILEAS FOGG

W wieku 40 lat Phileas Fogg zostaje przedstawiony jako "wypolerowany człowiek świata" (s. 2) i jako jeden z najbardziej znaczących członków Reform Club, gdzie spędza większość czasu. Enigmatyczna postać, intryguje ludzi swoim opanowaniem, spokojem i cichą osobowością. Mieszka samotnie i żyje w ciągłej rutynie. Nie zastanawia się jednak długo, zanim podejmie niesamowite wyzwanie, jakim jest okrążenie świata w osiemdziesiąt dni, stawiając na to połowę swojego majątku. Żadna z nieoczekiwanych wpadek, które spotykają go podczas podróży, nie jest w stanie zachwiać jego brytyjskim stoicyzmem. Udaje mu się również wykazać odwagą, poświęceniem i hojnością, na przykład ratując Aoudę przed spaleniem na stosie i ratując Passepartout przed rdzennymi Amerykanami, czy też wydając dla nich duże sumy pieniędzy. Młoda wdowa musi najpierw wyznać mu miłość, dzięki czemu on przezwycięża swoje wahania.

PASSEPARTOUT

Passepartout jest Francuzem: "był uczciwym człowiekiem, o miłej twarzy, [...] z dobrą okrągłą głową, taką, jaką lubi się widzieć na ramionach przyjaciela" (s. 9). Zmęczony różnymi pracami, jakie wykonywał (cyrkowiec, wędrowny śpiewak, sierżant strażak itp.), szuka spokojniejszego zajęcia, gdy idzie pracować do Fogga. W końcu jednak podąża za nim przez całą jego chaotyczną przygodę, która w końcu zaczyna mu się podobać, a w której improwizacja pozwala mu rozwiązać kilka krytycznych sytuacji. Stopniowo staje się bliższy swojemu dziwnemu mistrzowi i wspiera go podczas jego absurdalnego zakładu.

FIX

Fix jest jednym z detektywów wysłanych do głównych portów brytyjskich w celu aresztowania Fogga, który jest podejrzany o kradzież. Jest "małą, lekko zbudowaną osobistością, o nerwowej, inteligentnej twarzy" (s. 32). Ponieważ nakaz aresztowania, którego potrzebuje, by przechwycić Fogga, zawsze dociera za wcześnie lub za późno do różnych miast, do których podróżują, zmuszony jest go śledzić i wbrew sobie przyłącza się do pełnej przygód podróży. Głęboko zirytowany przez Fogga na początku opowieści, w końcu zaczyna darzyć go szacunkiem i podziwem.

PANI AOUDA

Skazana hinduskim zwyczajem na spalenie wraz z ciałem męża, pani Aouda zostaje uratowana przez Fogga i jego towarzyszy, którzy natrafiają na nią w Indiach. Ta młoda i piękna Hinduska otrzymała angielskie wykształcenie. Aby uchronić ją przed pościgiem, Phileas postanawia zabrać ją ze sobą Jest ona niezwykle wdzięczna Passepartout, który uratował ją z płomieni i szybko zakochuje się w Foggu, który nieustannie się o nią troszczy. W końcu oświadcza mu się.

ANALIZA

ZARYS NARRACJI

Sytuacja początkowa: na początku opowiadania, gdy rozgrywa się scena i wprowadzani są bohaterowie, sytuacja jest zrównoważona, co oznacza, że nie ma powodu, by się rozwijać.

- Phileas Fogg, angielski dżentelmen stroniący o niewielu słowach, prowadzi uporządkowane życie w Londynie.

Element zakłócający: wydarzenie, które zakłóca sytuację i uruchamia samą historię.

- Zakłada się z członkami swojego klubu, że uda mu się objechać świat w osiemdziesiąt dni.

Rozwój: są to wydarzenia sprowokowane przez element zakłócający, które prowadzą do działania lub działań ze strony głównego bohatera w celu rozwiązania problemu.

- Wyrusza w drogę z Passepartout, swoim nowym lokajem. Podróżuje przez Indie (gdzie dołącza do niego Aouda, wdowa skazana na śmierć), Chiny, Japonię i Amerykę. Kilka przeszkód blokuje mu drogę, a jego tropem podąża detektyw Fix, który uważa go za winnego napadu na bank. Do Londynu przybywa jednak pięć minut za późno, uznając tym samym, że przegrał zakład. Przyjmuje propozycję małżeństwa od Aoudy.

Wynik: kończy rozwój wydarzeń i prowadzi do zakończenia.

- Dowiaduje się, że w rzeczywistości przybył dzień wcześniej z powodu różnicy czasu.

Zakończenie: jest to koniec historii. Sytuacja jest znów stabilna, jak sytuacja wyjściowa, ale uległa przekształceniom.

- Wraca do swojego klubu triumfalnie, bo wygrał swój zakład.

POWIEŚĆ PRZYGODOWA

Gatunek literacki powieści przygodowych, do którego należy *W 80 dni dookoła świata,* powstał w drugiej połowie XIX wieku, po takich powieściach jak *Robinson Crusoe* Daniela Defoe (1719). Powieści te powstawały głównie w Wielkiej Brytanii, a ich autorami byli Joseph Conrad (*Lord Jim*, 1900) i Robert Louis Stevenson (*Wyspa skarbów,* 1883), a we Francji Alexandre Dumas (*Trzej muszkieterowie,* 1844; *Hrabia Monte Christo,* 1845) i Jules Verne. Była to literatura popularna, często ukazująca się w seriach w gazetach, której celem było przede wszystkim zapewnienie czytelnikom rozrywki i eskapizmu.

Powieści przygodowe mają na ogół następujące cechy, które odnajdujemy również w badanym tu utworze:

- Przedstawiają one wiele niezwykłych wydarzeń. Jako przykłady możemy podać liczne przeszkody, z którymi musi się zmierzyć Phileas Fogg: spóźnione pociągi lub statki, ratunek Aoudy, atak Siuksów, zniknięcie Passepartout itp.

- Suspens jest stale budowany, aby utrzymać zainteresowanie czytelnika, dzięki kilku nieoczekiwanym wydarzeniom, które czasami rzucają podejrzenia na to, jak prawdziwa jest historia. Dobrym przykładem jest końcowy rozwó wydarzeń w *W 80 dni dookoła świata*: podczas gdy zasmucony czytelnik wierzy, że Fogg przegrał zakład, na ostatnich stronach dowiaduje się, że niewielka różnica czasu, nagromadzona podczas całej podróży, sprawiła, że w rzeczywistości zyskał jeden dzień.

• Odwołują się do egzotycznej rzeczywistości. Wiele krajów, przez które podróżował Anglik, Jules Verne opisuje ze szczegółami, podobnie jak zwyczaje tamtejszej ludności. Z realizmem przedstawione są więc hinduistyczne obrzędy, meliny opiumowe w Chinach czy nawet amerykańskie spotkania polityczne.

• Spotykamy postacie sztampowe, często bez większej głębi psychologicznej. Phileas Fogg charakteryzuje się jasnością umysłu i spokojem w każdej sytuacji, natomiast Passepartout to nieustraszony, pełen entuzjazmu człowiek, który jest całkowicie oddany swojemu panu. Piękna Aouda, jedyna postać kobieca w powieści, jest skrycie zakochana w tajemniczym Foggu.

• Świat przedstawiony jest uproszczony. Istnieje wyraźny podział na dobro i zło: Fogg, inteligentny i wielkoduszny, oraz Passepartout, zaradny i odważny, reprezentują dobro; natomiast Fix, detektyw o wąskich horyzontach, okrutni kapłani hinduscy i dzicy Siuksowie uosabiają na przykład zło.

• Wreszcie, docelową grupą odbiorców są młodzi dorośli. Uproszczony świat powieści przygodowych być może tłumaczy młody wiek większości czytelników tego gatunku: porywa ich śmiała inicjatywa Phileasa Fogga i mogą się identyfikować na przykład z Passepartout, którego odwaga pozwala im uratować Aoudę przed śmiercią lub zatrzymać pociąg jadący z największą prędkością.

W 80 dni dookoła świata pasuje więc do definicji powieści przygodowej podanej przez Roberta Louisa Stevensona: "Rekonstrukcja marzeń każdego małego chłopca".

DALSZE CZYTANIE

WYDANIE REFERENCYJNE

Vernes, J. (2012) *W 80 dni dookoła świata*. Tłum. Makepiece Towle, G. [online]. Planet Publish. Dostępny w: <http://www.planetebook.com/ebooks/Around-the-World-in-80-Days.pdf>.

Chcemy usłyszeć od Ciebie, co się dzieje!
Zostaw komentarz na temat swojej internetowej biblioteki
i podziel się swoimi ulubionymi książkami w mediach społecznościowych.

Wydawca zapewnia o wiarygodności publikowanych informacji, co jednak nie może wiązać się z jego odpowiedzialnością.

www.50minutes.com

Master ISBN: 9782808694711
Papierowy ISBN: 9782808616119
Depozyt prawny: D/2023/12603/1891

Verhaal: © Primento

Projekt cyfrowy: Primento, cyfrowy partner wydawców.